Exemplaire de Barre

VENTE

Du Lundi 16 Février 1874

HOTEL DROUOT, SALLE N° 1

TABLEAUX

ANCIENS

DES ÉCOLES

FRANÇAISE ET FLAMANDE

MARBRES

EXPOSITIONS

PARTICULIÈRE	PUBLIQUE
Le Samedi 14 Février 1874	Le Dimanche 15 Février 1874

Mᵉ CHARLES OUDART, COMMISSAIRE-PRISEUR

M. ÉMILE BARRE, EXPERT

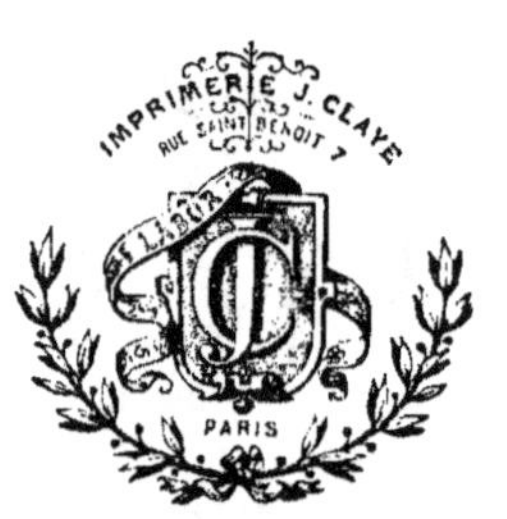

CONDITIONS DE LA VENTE.

Elle sera faite au comptant.

Les acquéreurs payeront *cinq centimes par franc,* en sus des enchères, applicables aux frais.

L'Exposition mettant les Adjudicataires à même de se rendre compte de l'état et de la nature des objets, il ne sera admis aucune réclamation une fois l'adjudication prononcée.

CATALOGUE

DE

TABLEAUX

ANCIENS

DES ÉCOLES

FRANÇAISE ET FLAMANDE

ET

DE MARBRES

DONT LA VENTE AURA LIEU

HOTEL DROUOT, SALLE N° 1

Le Lundi 16 Février 1874

PAR LE MINISTÈRE DE **M⁰ CHARLES OUDART,** COMMISSAIRE-PRISEUR

31, rue Le Peletier

ASSISTÉ DE **M. ÉMILE BARRE,** EXPERT

20, Chaussée-d'Antin

Chez lesquels se délivre le présent Catalogue

EXPOSITIONS

PARTICULIÈRE	PUBLIQUE
Le Samedi 14 Février 1874	Le Dimanche 15 Février 1874
DE 1 HEURE 1/2 A 5 HEURES 1/2	DE 1 HEURE A 5 HEURES

DÉSIGNATION

TABLEAUX ANCIENS

BIBIÉNA

1. Port de mer avec monuments en ruines et figures.

BIBIÉNA

2. — Le pendant du précédent.

BOTH (Jan) *dit* BOTH D'ITALIE

3. — Sur le premier plan des Muletiers se reposent près
d'une mare, au fond un château.

BOUCHER

4. — Nymphes dans un paysage tressant des couronnes de fleurs.

BOURGUIGNON

5. — Halte d'armée auprès de monuments en ruines.

BOURGUIGNON

6. — Choc de cavalerie.

BOURGUIGNON

7. — Le pendant du précédent.

COURTOIS

(Élève de CLAUDE LORRAIN.)

8. — Paysage boisé.

COYPEL (A.)

9. — Pan et Syrinx.

DESPORTES

10. — Chien gardant du gibier.

DEVRIES

11. — Chaumière au bord d'un canal.

DUPLESSIS-BERTAUX

12. — Le Départ pour le marché.

DROUAIS

13. — Portrait de jeune femme en costume Louis XVI.

DROUAIS

14. — Portrait de Mlle Favart de la comédie italienne en costume espagnol.

EISEN (CHARLES)

15. — Le Printemps.

Un galant berger débite de doux propos à sa bergère.

Bois. — Haut., 0^m,65. Larg., 0^m,55.

EISEN (CHARLES)

16. — L'Automne.

Une mère, tenant son enfant, achète des fruits qu'un marchand lui présente.

B. — H., 0^m,65. L., 0^m,55.

EISEN (CHARLES)

17. — L'Été.

Une jeune femme se défend des entreprises galantes d'un jardinier; un enfant les regarde.

B. — H., 0^m,62. L., 0^m,85.

EISEN (CHARLES).

18. — L'Hiver.

La petite laitière chaussée de patins vient de tomber avec son lait.

A gauche, des enfants se moquent de l'accident.

B. — H., 0^m,62. L., 0^m,85.

Ces quatre magnifiques tableaux sur fonds argentés ont été peints par CHARLES EISEN, à Londres, en 1765, pour lord R.

EVERDINGEN (*Signé*)

19. — Paysage montagneux avec cours d'eau et figures.

FRAGONARD

20. — Intérieur de parc avec figures.

FRAGONARD

21. — Le Verre d'eau.

FYT

22. — Gibier mort.

GÉRARD (Mlle)

23. — Les Chiens savants.

GÉRARD DE LAIRESSE

24. — Sujet mythologique.

Panneau décoratif de 2 mètres de largeur sur 3^m,50 de hauteur.

GÉRARD DE LAIRESSE

25. — Sujet mythologique.

Panneau décoratif.

Pendant du précédent.

GRIFF

26. — Le petit Marchand de pommes.

GUARDI

27. — Vue de Sainte-Marie-Maggiore à Venise.

HEMSKERKE

28. — Les deux Fumeurs.

HUET

29. — L'Amour corrigé.

HUET

30. — Le repos chez la Fermière.

Pendant du précédent.

JULIARD

31. — Le petit Pêcheur.

KESSEL (Van)

32. — Vénus chez Vulcain.

LACROIX

33. — Entrée d'un Port; effet de clair de lune.

LAJOUE *(Signé)*

34. — Intérieur de Parc avec pièce d'eau et figures.

LAJOUE

35. — La Comédie italienne.

LEBRUN

36. — Portrait de Louis XIV à mi-corps et revêtu d'une cuirasse.

LÉLY (Le Chevalier)

37. — Portrait de Henriette d'Angleterre.

LÉLY (Le Chevalier)

38. — Portrait de Charles Ier.

Pendant du précédent.

LÉPICIÉ

39. — La Réponse.

LÉPICIÉ

40. — Le Rêve.

LONGHI

41. — La Déclaration.

LONGHI

42. — La Leçon de flûte.

LONGHI

43. — Le Rendez-vous galant.

LONGHI

44. — La Surprise.

Ces quatre charmantes toiles forment pendants.

MICHEL (G.)

45. — Paysage des Flandres, avec cours d'eau.

Au premier plan, des paysans; dans le fond un village. — Effet d'orage dans le lointain.

MIGNARD

46. — Portrait de Mlle de La Vallière.

MIGNON

47. — Fleurs et Fruits.

MIREVELT

48. — Portrait d'un prince d'Orange.

MOLENAER

49. — Effet de neige avec Patineurs.

MOLYN (P.)

50. — Village au bord d'un cours d'eau avec figures.

MOREAU

51. — L'Escalier du château.

MOREAU

52. — Monument en ruines avec figures.

Pendant du précédent.

MOUCHERON

53. — Le Retour de la chasse.

MURILLO

54. — Portrait d'un personnage avec colerette de dentelle.

NATOIRE

55. — Triomphe d'Amphitrite.

OUDRY (J.-B.)

56. — Canard pendu par la patte, au-dessus d'une console sur laquelle on voit un pâté entamé, deux bouteilles et diverses légumes.

PANINI

57. — Monuments de Rome, en ruines, avec figures.

PANINI

58. — Le pendant du précédent.

PILLEMENT

59. — Le Départ pour le marché; effet d'orage.

POELEMBURG

60. — Baigneuse dans un paysage.

RUBENS

61. — La Sortie du bain.

RUYSDAEL (Salomon)

62. — Bouquet d'arbres au bord d'une route sur laquelle cheminent des paysans. — A droite une chaumière sur un monticule.

SABLET (D.)

63. — Lá ménagère.

Signé et daté 1782.

SCHALL

64. — Nymphes au bain.

SCHÉNEAU

65. — La Surprise.

STEEN (Jean)

66. — Le Lever.

TOURNIÈRES

67. — Portrait de Dame vue à mi-corps, la main appuyée sur un coussin de velours rose.

TREMOLLIERE

68. — Nymphe endormie surprise par des Satyres.

VALIN

69. — Dans un Paysage, Nymphe la tête ornée d'une guirlande de roses.

VALIN

70. — Bacchante couchée.

VAN DER DOES

71. — Moutons au Repos.

VAN DER DOES

72. — Moutons au Repos.

Pendant du précédent.

VAN DYCK

73. — Portrait d'Homme en costume noir avec collerette blanche.

VAN GOYEN

74. — Village de la Hollande au bord d'un Canal avec barques de Pêcheurs.

VERNET (Joseph)

75. — Port de mer d'Italie avec Pêcheurs.

VITELLI (Van)

76. — Port de mer italien avec ruines.

WATTEAU (A.)

77. — Le Voyage à Cythère.

Gravé.

WATTEAU (*École de*)

78. — La Dame dans le parc.

ÉCOLE FRANÇAISE

79. — Les Vendanges.

ÉCOLE FRANÇAISE

80. — La Comédie ambulante.

ÉCOLE FRANÇAISE

81. — La Conversation dans le parc.

MARBRES

82. — Rébecca à la fontaine.

Groupe. — H., 1m,07.

83. — L'Hiver.

Statue. — H., 1m,08.

84. — Baigneuse.

Statue. — H., 0m,85.

85. — Statuette de Bacchante (marbre blanc), signée :
F. Tacco, Roma, 1834.

86. — Statuette d'Enfant couché (marbre blanc).

87. — Pendant du précédent.

PARIS. — J. CLAYE, IMPRIMEUR, 7, RUE SAINT-BENOIT. — [261]